LUNA
INMIGRANTE

LUNA INMIGRANTE

VIRGINIA BULACIO

ALEGRIA
PUBLISHING

Número de Control de la Biblioteca del Congreso: 2022921187
ISBN: 979-8-9860844-4-2
Publicado por Alegria Publishing
Portada y maquetación del libro: Carlos Mendoza

A mi hijo por ser la luz de mis días
y la alegría de nuestro hogar.

A mi madre por regalarme la gratitud
y la magia de los sueños.

A los inmigrantes, refugiados y aquellas personas
que van en busca de sus sueños.

To my son for being the light of my days
and the joy of our home.

To my mother, who taught me about gratitude
and the magic of dreams.

To immigrants, refugees and those who go
in search of their dreams.

Contenido

Para y por Virginia, porque siga soñando...

Cada una de las páginas de este poemario está llena de emociones, cada línea está bañada de experiencias, cada título es un poema en sí mismo. Virginia vuela en cada estrofa, nos lleva a experimentar con ella su recorrido, nos hace transitar desde Argentina hasta su llegada a Estados Unidos, nos hace acompañarla en sus largos recorridos en autobús desde casa hasta la escuela y de regreso. Horas, muchas horas, pero ni el cansancio ni el agobio han podido detenerla.

Virginia sigue viajando, sigue soñando, es libre, curiosa, comprometida y bondadosa. Sus poemas hablan de ella, pero también de la gente que la ha inspirado. Dedica sus escritos a la gente que lucha; como Pedro, al que conocimos casi al mismo tiempo en los pasillos de la universidad, pero también dedica sus poemas a la gente anónima, a veces, lo hace incluso de manera individual, les habla en primera persona, dialoga con ellos, les comparte su vida y les abre su corazón.

La recuerdo sonriente y esperanzada, pero también, la he acompañado en sus momentos difíciles y a punto de tirar la toalla. Recuerdo un abrazo en un estacionamiento, la sensación de que la lucha se resquebrajaba y con ella sus ilusiones de luchar por esa garra combativa, de esas que crecen desde las entrañas. Ella ha sido más fuerte que todos los obstáculos que la vida le ha puesto. A ella y a miles de jóvenes que su único delito es el de soñar.

Este poemario está cargado de sentido, nos hace escuchar, ver, oler y saborear las lágrimas saladas por la mejilla, nos hace oír los cantos de lucha, nos hace ver y sentir las emociones. Virginia escribe para ella, por ella, pero también escribe para muchas otras Virginias, aquellas que han vivido o viven experiencias semejantes.

Tuve la suerte de verla florecer, de verla crecer, de verla convertirse en una profesional. La vi siendo hija, la vi enamorada, esposa y madre, en todas sus facetas ha sabido llenar la vida de otros con amor incondicional. Desde las añoranzas de su tierra natal a ritmo de tango, hasta las marchas en las calles de Los Ángeles, este poemario nos habla de definiciones, revoluciones, tiempo, palabras, desazón, esperanza, incertidumbre, fragilidad, fuerza y migraciones.

Sigue soñando, Virginia...

Jessica Retis, Ph.D
Profesora. Directora, Programa de Maestría de Periodismo Bilingüe.
Escuela de Periodismo. Universidad de Arizona.

To and for Virginia, so she keeps dreaming...

Each of the pages of this collection of poems is full of emotions. Each line is drenched in experiences. Each title is its own poem. Virginia flies in each stanza and takes us to experience her journey with her. She transports us all the way from Argentina to her arrival in the United States. We accompany her on her long bus rides from home to school and back. For hours, many hours, yet neither fatigue or stress have been able to stop her.

Virginia keeps traveling, keeps dreaming. She is free, she is curious, she is committed, she is kind. Her poems talk about her, but also about the people who have inspired her. She dedicates her writings to people who struggle, like Pedro, whom we almost met at the same time in the halls of our university. But she also dedicates her poems to anonymous people. Sometimes she even does it individually, she speaks to them in the first person, she talks with them. She shares her life with them, she opens her heart to them.

I remember her smiling. I remember her full of hope. But I was also with her during difficult moments. About to throw in the towel, I remember a hug in a parking lot. The feeling that the fight was cracking and with it her illusions of fighting. But that combative claw, the kind that grows from the gut, has been stronger than all the obstacles that life has put in her path. To her and to thousands of young people whose only crime has been to dream.

This poetry collection is loaded with meaning.

It makes us listen, it makes us see, it makes us smell, it makes us taste salty tears on our cheeks, it makes us hear songs of struggles, it makes us see and feel emotions. Virginia writes to herself and for herself, but she also writes for many other Virginias, who have lived or are living similar experiences.

I was lucky to see her flourish, to see her grow, to see her become a professional. I have seen her as a daughter, in love, as a wife, and a mother. In all these facets, she has known how to fill the lives of others with unconditional love. From the longing for her homeland to the rhythm of tango, to the marches in the streets of Los Angeles, this collection of poems tells us about definitions, revolutions, time, words, uneasiness, hope, uncertainty, fragility, strength, and migrations.

Keep dreaming Virginia...

Jessica Retis, Ph.D
Professor. Director, Bilingual Journalism M.A.
School of Journalism. The University of Arizona.

Introducción

Comencé a escribir este libro en mi mente, desde pequeña. Siempre me gustó la idea de ser escritora y al parecer, corre por mi sangre. Tengo una fotografía guardada en mi mente de cuando era pequeña, estaba en mi habitación, la cual tenía un mural que mi mamá y mi padrastro habían pintado para mí: Aladdin y la princesa Jasmín viajando en la alfombra mágica y el genio con su lámpara junto a ellos. Me sentaba en el piso, en un costado de la cama y abría mi cuaderno para escribir sobre lo que me pasaba en el día. Me gustaba explorar esos temas que me hacían sentir más grande y trataba de buscarles soluciones, que al parecer, los adultos no entendían.

Durante mi infancia, mi vida estaba en un viaje entre Tucumán y Las Termas de Río Hondo (Santiago del Estero), ambas provincias en el norte de Argentina. Mis historias y cuentos eran como un espejo de mi realidad, de mi niñez. Hasta que un día, un viaje mucho más largo, a otro país, le dio un giro por completo a mi adolescencia cuando emigré a los Estados Unidos. El viaje que comenzó como vacaciones, se terminó alargando, comencé a ir a la secundaria y a tratar de vivir como los americanos que solía mirar en las películas que mostraban en mi país.

El sueño de continuar escribiendo fue desapareciendo, ya que, siendo inmigrante indocumentada, soñar parecía tener un precio más caro. Sin embargo, lo único que realmente sentía mío, eran las ganas de hacer mi sueño realidad.

Quiero imaginarme que en algún lugar existe un hada madrina o un genio mágico que escucha mis pensamientos y cree en mí. Luego de dejar mi sueño de escribir en espera por años y en plena soledad de una pandemia, comencé a escuchar a mi corazón que me insistía diciéndome, con acento argentino: ¿Qué estás esperando para escribir?

En medio de la pandemia, con mi bebé de recién cuatro meses, le hice caso a mi corazón: comencé a escribir en mis cuadernos, en la aplicación de mi celular y hasta cuando salíamos a caminar con mi bebé usando la aplicación de voz del celular. No te voy a mentir, fue difícil regresar a algunas épocas. Pero encerrada en la casa con los recuerdos y la ansiedad, escribir era el único momento que me sentía libre.

Mi meta es aportar mi granito de arena para crear un cambio en la manera en que contamos nuestras historias como inmigrantes, que nuestras historias sean contadas por nosotros mismos. Te invito a que leas este libro con un cafecito en la mano y tal vez algunos pañuelos.

Este es el viaje de la vida de una inmigrante. Mi deseo es que cuando mires a la luna, Luna Inmigrante, te sonría y recuerdes nuestras historias y luches por nuestros sueños.

Bienvenido a casa,

Virginia Bulacio

Introduction

I started writing this book in my mind, as a child. I always liked the idea of being a "writer" and it seems to run through my blood. I have a picture saved in my mind from when I was little. In my room, there was a mural that my mom and stepdad painted for me: Aladdin and Princess Jasmine traveling on the magic carpet and the genie and his lamp next to them. I used to sit on the floor on the side of the bed. I would bring my little notebook to write things that happened to me on that day. I liked to explore issues that made me feel "older" and I would try to find solutions, which apparently adults did not seem to understand around that time.

Throughout my childhood, I traveled between Tucumán and Las Termas de Río Hondo (Santiago del Estero), both provinces in the North of Argentina. My stories and poems were like a mirror of my reality, of my childhood. Until one day, a much longer trip turned my life completely upside down; I immigrated to the United States.

It started as a vacation, and grew into a whole high school experience, trying to live like the "Americans" that I used to watch in movies back home.

The dream of writing started to disappear. As an undocumented immigrant, dreaming seemed to have a higher price. However, it was the only thing that really felt like it was mine.

I want to imagine that there is a fairy

godmother or a magical genie somewhere who listens to each of my thoughts and believes in me. After putting my dream on hold for years, I began listening to my heart that kept telling me, with an Argentinian accent: What are you waiting for?

In the middle of the pandemic, with my four-month-old baby, I listened to my heart. I began to write in my notebook, in an app on my phone, and even using voice memos. I'm not going to lie to you, it was challenging to go back to those times in my life. But trapped in the house with memories and anxiety, writing was the only time I felt free.

My goal is to change the way we tell stories about immigrants, so that our stories are told by us. I invite you to read this book with a cup of coffee in your hand, and perhaps some tissues.

This is the journey of the life of an immigrant. My wish is that when you look at the moon, Luna Inmigrante, she smiles at you, and you remember our stories, and fight for our dreams.

Welcome home,

Virginia Bulacio

Luna nueva

Luna Inmigrante

Yo soy la Luna Inmigrante,
soñadora en tu tierra.
Sin papeles,
sin permisos,
sin dueño.
Libre en un universo de infinitas posibilidades.

Yo soy la Luna Inmigrante,
        silenciosa en el espacio.
Desde aquí te contemplo mi vecina tierra,
tierra de inmigrantes,
exploradores,
viajeros
capaces de inventar,
de renovar,
de imaginar y
de aprender entre ustedes.

Tan lejos y tan cerca.

Me gusta escuchar las sonrisas de los niños,
a pesar de que nunca he visto una.
Me gusta escuchar la melodía de los aplausos y
los ecos de los tacones de aquellos
que buscan la libertad.
Me gusta escuchar el choque de las olas en el mar
y sentir la vida de una noche de verano.

Yo soy la Luna Inmigrante madre,
      también con algunas preocupaciones.
Porque ustedes tratan de ponerme un precio,
un logo,
un dueño.
Recuerdo claramente el salto de la humanidad,
cuando uno de sus hombres visitó mi hogar.
Un salto de libertad en mi suelo gris.

Y todavía no logro entender porqué tú,
no haces lo mismo con una madre cuando
cruza una frontera para darle mejor vida a sus hijos,
o una familia de refugiados cruzando océanos
para escapar del sonido de las guerras.
Ese sonido no me gusta.

A veces, cuando te miro me hago la misma pregunta:
      ¿Qué es lo que nos hace tan diferentes?
Tal vez mis palabras no tengan sonidos en tu
vocabulario.
Pero cuando tú levantes la mirada
a un cielo con infinitas lucecitas
quizás esa noche,
recuerdes
que no somos
tan diferentes.

Mi nombre

My name is Nanci with an "i".
Same as my mom's.
My second name is *Virginia*.
Igual que el nombre de mi madre.
But here, in the U.S., it becomes "Virginia."
I never liked the name in English so much:
"Virginia."
Sometimes if they can't understand my accent,
I say, "Virginia. It's like the state."

But in Spanish, it sounds like *Virginia*.
And when my mom is upset at me, it becomes:
¡Virginia!
Friends from Argentina will call me *Vir*.
Mi abuelo, who was like my father back home,
used to call me *Nancita* or *Virgi*.
I used to like when they called me *Virgi*
because it brings the smell of home.
It's like I'm traveling back in time to those
memories,
and I can smell the parrillada
or empanadas argentinas
on Sunday while the whole family sits at the table
to have lunch, a few arguments and
watch fútbol.

Here in the U.S., I am also *Vivi*.
My baby brother, *Ezequiel* or "Ezequiel" in English,
before he could learn to say *Virginia*,
he baptized me with *Vivi*, and I like it.
It's sweet like honey, and I like honey.
So, when people can't pronounce *Virginia*,
I tell them, "You can call me *Vivi*."

And some days, I wonder if anyone remembers
my name back home.
And I wonder, does Vivi exist back home?
Or only *Virginia*, or ¿*Virgi*?
¿Será que alguien recuerda ese nombre?

Here in the U.S., for many years,
I did not exist.
Quizás porque no tenía papeles...
or perhaps they just couldn't pronounce my name.

But there is one day I am dreaming
will come soon...
and it doesn't really matter the pronunciation.
I can't wait for the day my son,
seven months old,
calls me for the first time,

¡Mamá!

Curious Hands

December is the hottest month
where I come from.
Dry like cement,
school is almost done
final projects and
ice cream.

Two young girls taking a break
looking for ice cream
but instead,
they found
curious hands.

Six boys making a circle
and suddenly you can't hear the boy's steps.
Sticky nasty air,
the sun is burning their skin.

The girls can't move.
They are inside the circle.
The boys have closed
the circle.

Curious hands all over their brand new bodies
navigating on a lake with no water.
The girls are stuck
their pulse is rising
the boys are laughing
and curious hands are reaching
for the blessings of what makes
a young girl so powerful.

Dishonored
abused
raped
by those
nasty
curious
hands.

The boys left into the sun.
The girls walked back home
without their ice cream
and sat on the sidewalk
without saying a word.
Without
saying
a
word.

Amigo lustrín

Niño de la calle,
amigo lustrín,
no eres invisible.

Tu sonrisa de niño,
tus manos llenas de pomada negra,
tu ruta entre cafés y negocios.
Tu escuela es la calle,
tu mochila es tu cajita de madera.
Trabajas honradamente
para llevar el olor del pan casero
a tu familia.

Niño de la calle,
amigo lustrín,
no eres invisible.

Lustrando los zapatos de una sociedad injusta,
los primeros pasos de los políticos
y el brillo de sus pecados.
Una sociedad que a veces nos ignora.
Atento a las consecuencias,
sabes cuándo correr y cuándo defenderte
y hasta cuándo ser amigo del silencio.

Jugamos sin diferencias,
zapateando en los charcos de agua un día de lluvia,
haciendo barquitos de papel
y hasta jugando a la bolilla.

Sonrisa con pocos dientes
ojitos color miel,
risos de canela,
alpargatas desgastadas de tanto caminar
en las avenidas de nuestro país.

Veo el sacrificio de tu infancia,
veo el brillo en tu mirada,
veo a un niño que hoy es hombre.

Niño de la calle,
amigo lustrín,
para mí
nunca fuiste invisible.

Ventilador de sueños

Es un día de verano en el norte de Argentina,
el reloj marca las dos y treinta de la tarde,
hora de la siesta.
Nadie se anima a salir de sus casas.
El calor hierve el talón de mis pies,
es la hora del vapor como dice *Abuela*.

It's a summer day in our town
you can hear the echo of the silence.
Across the street from my grandma's house
there is a hotel, and I can see the swimming pool,
like the ones I see on TV.

They have elegant trees with small leaves
that seem to be dancing a tango.

Curious kids are running around the block.
You can hear the footsteps of their shoes
the ones that are cut through the middle
of their sole.

This is home.
This is my summer vacation.
And if I get lucky,
I might travel to the next town
to see mis tías.

I walk around the city without a map
because every corner is in my heart
since the day I was born.
Things don't change much around here.
Unless we change.
        A menos que nosotros cambiemos.
Unless we leave.
        A menos que nosotros nos vayamos.
Unless we dream.
        A menos que nosotros soñemos.

I sit by the small fan next to *Abuela*'s arm
that smells like flour from her baking.
I sit next to her, and I stare at the fan.
Feeling the hot air in my eyes,
staring at little hairs the fan has,
staring at opportunities
hoping that one day
the fan will push me like the wind
and that it will take me somewhere.
Somewhere where we are free to dream,
while we are still awake.

But this is home.
The one I was born in.
The one that did not tell me one day,
I was going to leave.
>Ni un adiós,
>ni una despedida,
>ni un pasacalle diciéndome:
>recuérdame.

I guess after years,
the fan brought me somewhere new.
And while I can't tell if I am awake
or dreaming,
I still think of you.

Despedida

Adiós, Argentina
con este poema me despido
ya que nunca lo pude hacer.
Sin saber lo que pasaba,
me fui de mi ciudad en el norte de Argentina,
para viajar a Buenos Aires y subirme a un avión
que cambiaría el destino de mi vida.

Adiós, Argentina
ya llegué a L.A.
Donde el sol ilumina las letras de Hollywood
durante un atardecer y nuestras historias
de inmigración se repiten en cada
esquina de la ciudad.

Adiós, Argentina
no sé cuándo nos volveremos a ver.
Tú, me regalaste mi niñez,
el dulce de leche,
los alfajores de maicena,
el mate cocido de mi abuela
y las navidades en verano.

Adiós, Argentina
espero algún día,
volverte a ver.

Carta para mi abuelo

Querido *Tata:*
Aún recuerdo nuestras charlas en silencio,
cuando tú manejabas por el lago de Las Termas
y yo te acompañaba.
Otras veces, acompañados por la música
de tu cantante favorito Carlos Infantes.

En esas tardes entendí que para mí
fuiste el héroe de mi niñez.

Recuerdo la última vez que nos despedimos,
tu mirada se quedó grabada en mí.
Sin saber, que esa sería nuestra última mirada.
Te dije adiós y tú, me dijiste que me adorabas.
Te dije adiós, dándote las gracias
por protegerme en mi infancia.
Te dije adiós, sin saber que
jamás regresaría.
Y mi intuición nunca falla.

Mientras subía al auto,
te mire de nuevo.
Tratando de ocultar mis lágrimas,
bajé del auto, corrí rápido
y subí las escaleras
para abrazarte una vez más.

Cuando regresé al auto,
tú te asomaste por tu ventana,
tu cigarro siempre tu compañero.
Me miraste, como si en ese momento,
toda tu vida te estaba abandonando.
Es que tu intuición tampoco fallaba.

Mi estrella tucumana

Descansas en una estrella,
aquella, la que más brilla
en nuestro cielo azul.

Desde allá arriba nos iluminas y
nos cuidas por las noches.
Mi querido abuelo te recibe
en el portón del cielo
para darte un fuerte abrazo,
y con su cigarro en su mano derecha,
te invita un vino tinto y
juntos escuchan un tango.

Desde allá arriba todo se ve más claro,
más sereno.

Descansa en paz, querido tío.
Él que nos protegía como un padre
y nos escuchaba reír cuando
jugábamos en el parque.
Él que nos abría la puerta de su hogar,
sin mirar el día, ni el reloj.

Nosotros, desde aquí,
te damos las gracias por tu vida
y por hacernos tan felices a tu lado.

Descansa en paz,
en tu propia estrella,
muy cerquita de nuestra *lunita tucumana*.

Flight 111

Argentina
en la casa de mis abuelos,
luggage ready
with just a few clothes,
the ones I take to church
when *Abuela* takes me on Sundays.

Passport ready
Abuela's estampitas y santitos
inside the pocket of my jeans.
Saying goodbye, it's not my favorite part.
But it's just 3 months,
a short vacation
and I will
see
them again
soon.

Despidiéndome,
corriendo a los brazos de mi Abuelo...
but there is no time
to say goodbye to my friends.

Driving.
Airport.
Plane.

Meeting *Pocho*
who is like my step-Abuelo
he likes to make funny jokes
but I am so nervous that I can't fake a laugh.

My country's capital with *Pocho*
the background music at the restaurant
Mi Buenos Aires Querido
and grabbing something to eat.

Back to driving.
Airport.
Plane.

Un suspiro largo entre países y escalas.
Gotitas de manzanilla para mis nervios y
Pocho tratando de sacarme una sonrisa.

The rush
adrenaline
the red light blinking
the seatbelt sign
and the voice on the plane:
> *Ladies and gentlemen,*
> *Welcome to Los Angeles.*
> *The local time is 1:11 p.m.*
> *For your safety,*
> *and the safety of those around you,*
> *please remain seated.*

All I wanted was to see my mom.

The smell of LAX
the smells of bodies
hundreds of languages
the sound of wheels at luggage claim
the voices on the speakers repeating
something I do not understand
and *Abuelo's* smell of cigarettes
still with me on my clothes.

The sunshine
the 10 freeway
something I've never seen before.

A new city
      the same sun
and *Mamá's* strong arms around me.

A new way of living,
      the same moon
an immigrant child.

The first taste
whispering: without knowing
of my new home.

Guardian of the Moon

Yo escribo
to tell you my story
to share secrets I did not reveal before.
I speak with my acento to share feelings
thoughts
words
so deep
they often get me in trouble.

Guardian of the moon,
daughter and granddaughter of immigrants.
Born in Argentina,
raised between two worlds
that are the same and yet not.
We are all immigrants to this Earth.
Nuestro hogar es la nuestra Tierra.
And even though we harm her,
she accepts us as we are.

Luna creciente

Nuestras raíces

Nuestras raíces comienzan en Latinoamérica,
cerca de las aguas termales en el norte
de Argentina,
respirando el aire fresco del Salar de Uyuni
en Bolivia,
creciendo desde hace años en la cuna del café
colombiano,
bebiendo agua dulce del Canal de Panamá,
maquillándose con las cenizas del Volcán Arenal
de Costa Rica,
recorriendo cerca del Árbol del Tule en Oaxaca,
México.

Raíces que van creciendo y
recorriendo los desiertos,
escuchando los pasos del silencio.

La luna nos alumbra el camino,
protegidos por la Virgencita de Guadalupe.
Raíces creciendo,
sintiendo,
secándose las lágrimas
con pañuelos blancos de paz;
lágrimas de nuestros abuelos,
familiares y recuerdos.

Raíces creciendo por las orillas del mar
entre Tijuana y San Diego,
escuchando a los mariachis de un lado,
y la misa de un domingo
en el Parque de la Amistad,
punto de encuentro para familias que
han sido separadas por leyes migratorias.

Raíces que han sobrevivido la violencia,
el racismo y la discriminación.
Y que no se vencen con los himnos del miedo.
Raíces que viajan con cada inmigrante
en su recorrido día a día,
conquistando sueños en Estados Unidos:
tierra de inmigrantes,
tierra de *Dreamers*,
tierra de muchas banderas.

Nuestras raíces continuarán
creciendo,
floreciendo,
evolucionando
y uniéndose
para crear un árbol cultural
de diversidad e inclusión.
Un árbol fuerte, que sostenga nuestras
comunidades latinoamericanas
en Estados Unidos.

Raíces que no desaparecerán con la tierra,
más continuarán unidas entre ellas,
porque los lazos de una madre
siempre nos dan fortaleza.

La primera vez

¿Recuerdas la primera vez
que te dijeron que no eras de aquí?
Quizás solo tenías dos años y pensaste que era un
juego, como jugar a las escondidas
afuera de tu casa.

¿Recuerdas la primera vez
que te dijeron que te quedarías aquí?
Tal vez eras un adolescente
a punto de comenzar la secundaria,
con nuevos amigos y maestros.

¿Recuerdas la primera vez
que te diste cuenta de que no habías nacido en este
país?

Quizás estabas frente a tu computadora,
listo para aplicar a una de las mejores universidades
en el país.

¿Recuerdas la primera vez
que te dijeron que te quedarías aquí?

Quizás estabas sentada en medio de la cama
en una pequeña habitación.
Tu madre golpeó la puerta,
se sentó al lado tuyo,
envuelta en dudas y miedos,
sin saber cómo comenzar.
Con su voz de madre te explicó
que sería la mejor opción.
Que te acostumbrarías rápidamente.
Que aprenderías el idioma fácilmente.
El silencio profundo de su mirada.
Una confusión de palabras que rebotaban
entre las cuatro paredes de la habitación.
Lágrimas de adolescente,
aprendiendo a aceptar.
Y así fue,
cuando me enteré de que comenzaría
una nueva vida en Estados Unidos.
Una vida sin papeles
y a la vez,
llena de bendiciones y sueños.

Where can we find a home?

Where can we find a home?

Behind the mountains of Los Andes,
or in the fields of the sugar canes
in the north of Argentina.

Where can we find a home?

Near the shores of San Diego and Tijuana,
or the waters of Valencia in Spain,
under the shadow of a palm tree in Los Angeles,
or near a mosque in Damascus.

Where?
Where?
Where?

I've tried

I've traveled oceans to be here with you.
I've learned a new language to speak to you.
I've bought new clothes to look like you, and
I've learned new songs to sing with you.
I've tried to learn the names of states, rivers, and lakes.
I've tried to learn the words to *White Christmas*.
I've practiced saying *The Pledge of Allegiance*
a hundred times
just to say it with you.
I've tried cooking a Thanksgiving dinner
to share with you.
I've tried to make a few mistakes,
so you can forgive me.
I have tried.
I have tried.
I have tried too many years to look like you.
When all I really wanted was to look like me.
My undocumented me,
with all my imperfecciones y virtudes.
With all my passion and dreams.
Because all those things,
the ones I did not share with you,
made me humble and strong.
Made me a survivor.
Soñadora y valiente.
I've traveled oceans to be here with you.
I've traveled oceans to find myself.

The Last Tango

One of the hardest things I've experienced
         as an undocumented person,
It is not the language,
or not having papers,
or not having a social security number,
or not being able to pay for my university,
or not getting a good job to make my mom proud
or having time off,
or going on vacations en una playa en México
or a honeymoon in Bora Bora.

One of the hardest things I have experienced
         as an undocumented person,
It's that feeling you get
when you lose the life of your parents
or you lose the life of your *Abuelo* back home.

Es la tristeza,
es el llanto de perder a tus padres
o a tu abuelo,
y sentir esa distancia
entre un país y el otro tan lejos
y a la misma vez
tan cerca,
en tu corazón.

And you don't get a chance,
      you don't
      get a chance
to hug them again,
or to touch their hands once again,
or play their favorite Tango for them:
      ¿Qué tango hay que cantar?
      Decime, bandoneón,
      yo sé que vos también lloras de amor...

And you don't get to play that tango
one last time for them.

And for a second
in your head,
you ask yourself the question:
      Do I leave or do I stay?
For my dad
for my mom
por mi *Abuelo.*

And that feeling stays with you,
fresh in your memory
for the rest of your life.

Mi confesión

He venido a confesarme,
para que algún día comprendas mi historia.

Inmigré a Estados Unidos durante mi adolescencia y
siempre fui soñadora de corazón.
Ya estando aquí me enteré
que mi pasaje de avión de regreso ya no contaba.
Que tal vez nunca regresaría,
por razones de política, de inseguridad y de
corrupción,
a la tierra donde yo nací.
La tierra del mate,
el fútbol y los tangos de Gardel.

He venido a confesarme.
Nunca quise cometer un delito,
ni mucho menos romper tus reglas.
Estudié para tener buenos grados y
trabajé para pagar la matrícula de la universidad.
Con esfuerzo y dedicación,
apliqué a becas,
que me ayudaron a pagar uno de mis tantos sueños.
Y nuestros profesores...
siempre inspirándonos a través de sus clases.
Es que, desde lejos, se sienten
los pasos de una *Dreamer*.

He venido a confesarme.
Había noches en que pensé abandonar.
En las noches, mientras algunos dormían,
yo esperaba en la parada del bus,
con el rosario de mi madre entre las manos.
Desde Northridge, a veces, por Laurel Canyon,
o en el bus 780 y el 217 para regresar a casa.
4 buses: 2 horas para ir a la universidad,
2 horas para regresar.

Horas de reflexión,
horas de cuestionar si este sueño valía la pena.
Noches que, con suerte, llegaba antes
de la media noche a casa.

Otras noches, como en las elecciones,
estaba con el corazón en la garganta.
Recibí ataques racistas, por emails,
textos y redes sociales:
>   *You don't belong here*
>   *Go back to your country*
El miedo rondaba afuera de mi ventana y
con dobles cortinas me encerré,
protegiéndome como los cangrejos y
como buena canceriana.

Hasta que un día, mientras trabaja en un restaurante
en West Hollywood, ese miedo me frenó en un instante.
No podía respirar, lloraba sin saber por qué.
Ese miedo me estaba asfixiando.
Sentía que mi corazón quería escapar de mi cuerpo.
Mi compañera de trabajo mencionó algo de
un ataque de pánico.
            ¿Ataque de pánico?
No le pude contestar.
Sentía como si estuviera mirando una película de
la vida de otra persona y el miedo era el director.

> *Respira profundo*
> *Respira profundo*
> *Respira profundo*

Hasta que un día, mi corazón regreso a mí,
con meditaciones, mantras y afirmaciones.
Yo podía controlar ese miedo y
ningún presidente me podía vencer.

Ojalá algún día comprendas mi historia.
Porque mis sueños y los de mi familia están vivos.
Porque nuestros sueños son muy parecidos a los
tuyos.
He venido a confesarme.

Mi confesión

I have come to confess,
so that one day you will understand my story.

I immigrated to the United States as a teenager,
and I have always been a dreamer at heart.
When I was here, I found out that my return plane
ticket no longer counted.
That I might never return due to reasons like politics,
insecurity and corruption in the land where I was born.
The land of mate,
fútbol y los tangos de Gardel.

I have come to confess.
I never wanted to commit a crime or break your rules.
I studied to have good grades, and
I worked to pay the university tuition.
With effort and dedication,
I applied for scholarships,
the ones that helped me pay
for one of my many dreams.
Our professors always inspiring us,
they know the sound,
that is why they can feel
from far away
the footsteps of a dreamer.

I have come to confess.
There were nights when I thought I would give up.
At night, waiting at the bus stop,
with my mother's *rosario* in my hands.
From Northridge on Laurel Canyon,
on bus 780 and 217.
4 buses: 2 hours to go to the university,
2 hours to return.
Hours of reflection,
hours of questioning if this dream was worth it.
Some nights, I was lucky to come back home
before midnight.

Other nights, like election night,
I had my heart in my throat.
I received racist attacks,
by emails, texts and social media:
>   *You don't belong here*
>   *Go back to your country*
Fear outside my window
I closed the double curtains,
protecting myself like a crab
like a good Cancer woman.

Until one day,
working in West Hollywood,
that fear held me back in an instant.
I couldn't breathe,
crying without knowing why.
I felt my heart wanted to escape from this body.
Fear was suffocating me.
Another waitress mentioned something about
a panic attack.
           Panic attack?
I couldn't answer her.
I felt like I was watching a movie of someone else's life
and fear was the director.

   Take a deep breath
   Take a deep breath
   Take a deep breath

Until one day, my heart came back to me,
with meditations, mantras, and affirmations.
I could control that fear
and no president could control me.

I hope one day you will understand my story.
Because my dreams and my family's dreams are still
alive.
Our dreams are very similar to yours.
I have come to confess.

Promesas y discursos

Miles de discursos con frases coloridas,
miles de reuniones entre congresistas y senadores
que juegan al ajedrez con las vidas de las personas,
y como resultado tenemos:
    la separación de nuestras familias.

Esta noche antes de dormir,
recuerda que más de
    11 millones de inmigrantes indocumentados
duermen con miedo,
con traumas,
con ansiedad,
sin saber si el próximo día van a tener su trabajo
o si les van a entregar su cheque con las horas
que realmente les corresponden,
o si les van a dar las propinas correctas
de un día de trabajo en un restaurante,
o si podrán buscar a sus hijos cuando
salgan de la escuela,
o si podrán abrazar nuevamente a su madre.
Y si algún día, podrán llevarle flores a su padre
que descansa en un cementerio en su país.

¿Cuánto tiempo más tenemos que esperar?

Tantas promesas que hacen a favor de un voto.
Tantos discursos sobre el Dream Act.
Años de incertidumbre
esperando una buena noticia,
una reforma migratoria justa.
Para los que cruzamos la frontera
entre México y Estados Unidos.
Para los que llegamos en avión,
con pasaportes o visas y nos quedamos
por la violencia, el crimen y la inseguridad
de nuestros países.
Para los que cruzamos con nuestros padres,
escondidos con apenas dos años de vida
y crecimos confundidos pensando que
esté era nuestro país.

¿Cuántos años más tenemos que esperar
para ver nuestros sueños hechos realidad?

Por el sueño de mi mejor amiga que es
dueña de su taquería en Los Ángeles,
por el sueño de su madre,
que madruga para ayudarla a preparar sus
famosas enchiladas o el bistec encebollado.
Por el sueño de mi amigo que trabaja en
Pavillions en la madrugada y también es
cocinero en West Hollywood.
Por mi amigo nacido en Oaxaca,
que trabaja en la construcción
y plomería durante toda la noche
y regresa a las seis de la mañana
a su hogar para llevar a sus niños
a la escuela.

¿Cuánto años más tenemos que esperar?

Por todos los que estamos viviendo
en el país del "Sueño Americano",
sin papeles,
respirando sin libertad,
para finalmente
ser bienvenidos
legalmente
en nuestro hogar.

Acerca de mí

Me preguntan de dónde soy y de dónde es mi acento.
Where are you from?
When was the last time you visited your country?
Do you miss your country?
¿Tu familia vive aquí?
Is your brother a US Citizen?
Are you a Dreamer?
¿Tu marido nació aquí?
¿Ya arreglaste papeles?
¿Tienes hijos?
Y a tu hijo, ¿le vas a enseñar español?
¿Dices que escribes no? ¿Pero realmente te pagan?
Preguntas
preguntas
y más
preguntas.

Memoria

I am lost inside a library of thoughts.
I can't remember your name,
I am slowly losing a little bit of myself,
It is like a fog of winter in my mind.

A veces, me olvido.
And, I am so sorry that I forgot your birthday.
And, I am so sorry that I changed your name.
Sucede que, a veces me olvido.

I travel back in time to my childhood to meet
my dad again when he was alive,
to run and hug him once again in my memory.

And to my daughters and sons,
mis nietos y mi primer bisnieto,
just know that I love you.
And you are always in my heart.

Dimensiones y tiempo

God,
How can I ask you for more time?

More time
to make her dreams
come true.

God,
How can I ask you for more time?

I met that feeling before
I thought I healed
but now I'm scared
I'm running out of time.

God
How can I ask you for more time?

Please
give us
more time.
For our mothers
to see their mothers
back home
one more time.

Can We Trust You?

Can we trust you?
Can we,
trust you with our dreams?
And the dreams of all of us?

We fear
racial discrimination
inequality
deportation.

We fear
your support is too weak,
like a wet paper,
como un papel mojado
drowning
ahogándose
en agua sucia.

Perhaps your fear
manipulates our fear.
You fear our skin color,
nuestro color de piel.
Our roots,
nuestras raíces.
Our accents,
nuestros acentos.

Can we trust you with our dreams?
The dreams of our mothers,
¿y los sueños de nuestras tías y de nuestros hijos?

A dream of freedom.
A dream of justice like Dr. Martin Luther King Jr.
Because we, too, have a dream.
A dream of equality like Cesar Chavez
or Miss Mateo, our undocumented lawyer,
orgullosa oaxaqueña because she has been fighting
for her dream since high school.

You see,
we too
have dreams.

The dream of being able to call this land,
nuestra casa,
porque en ella vivimos y crecimos.

Tell me
nuestra casa,
Can we trust you?

La Frontera

Yo no crucé la frontera,
ella cruzó sobre mí.

Atravesó por mi niñez,
pisoteando mi adolescencia,
intimidando cada esquina de mi cuerpo,
hasta hacerme vivir de una manera
que hoy sigo tratando de entender.

Yo no crucé la frontera,
        es cierto.
No arriesgué mi vida como otras personas,
no fui valiente de esa manera,
no decidí cruzar,
ni viajar,
ni siquiera elegí vivir aquí.

Yo no crucé la frontera,
ella cruzó sobre mí.

Atravesó mis ideas,
las de mi comunidad,
las de los inmigrantes,
las vidas que se quedaron en el camino.

Yo no crucé la frontera,
      es cierto.
Mas no significa que
no me duelan nuestras historias.

Me siento tan cerca de ellas,
me siento tan cerca de las lágrimas derramadas,
me siento tan cerca de la vida y el respecto
que se merecen los inmigrantes.

Yo no crucé la frontera,
      es cierto.
Sin embargo,
ella cruzó para siempre sobre mí.

Buscando

Y cuando ya no esté aquí,
¿en dónde será mi hogar?

Searching

And when I am no longer here,
Where will my home be?

Las cosas que no me gustan

Los bordes,
el abismo,
una jaula en un zoológico,
una cerca de hierro,
un túnel en la autopista,
las ventanas cuadradas y cerradas
en una habitación.

-*La Libertad*

La voz del pueblo

Escribo para escuchar a las voces que están
en lo más profundo de mis pensamientos.
Escribo para viajar entre pasado,
presente y futuro.
Escribo para sumergirme en un mar de sueños y
salvar algunos de ellos.
Escribo para escuchar tus historias y
sanar las tristezas que hay en algunas de ellas.
Para sentir el calor de tu cuerpo.
Escribo por mi libertad y por la tuya.
Para que nos comprendamos y nos aceptemos.
Para que seamos eternos en estas hojas de papel.

Pedro Trujillo

Pedro Trujillo marcha por las calles de Los Ángeles,
con su chaleco fosforescente, nos guía con su altavoz
y todos juntos cantamos:

> *¿Qué queremos?*
> *¡Reforma!*
> *¿Cuándo?*
> *¡Ahora!*

Nacido en Chiapas, México,
Pedro Trujillo lucha por sus sueños
y por los nuestros.
Fue el primero de su familia en ir a la universidad y
con su diploma entre sus manos,
se graduó de Estudios Chicanos.
Nos conocimos en los pasillos de la universidad,
todos éramos Dreamers y juntos cantábamos:

> *¿Qué queremos?*
> *¡Reforma!*
> *¿Cuándo?*
> *¡Ahora!*

Pedro Trujillo marcha de caravana en caravana,
desde Los Ángeles a Sacramento y desde
Bakersfield a Phoenix, Arizona.
Él nos aconseja sobre los derechos de los inmigrantes.
Y en las caravanas, todos juntos cantamos:

¿Qué queremos?
¡Reforma!
¿Cuándo?
¡Ahora!

Un líder de nuestro movimiento,
después de veinticinco años
de vivir en Estados Unidos,
luchando por sus estudios,
por sus sueños,
sin licencia,
sin papeles,
con DACA,
Pedro Trujillo nunca bajó los brazos.
A su familia los sorprendió cuando se declaró
oficialmente ciudadano de Estados Unidos.

Con lágrimas en sus ojos
y máscaras de la pandemia;
sus padres lo felicitaron con un fuerte abrazo,
de esos, de los que nunca se olvidan.
Pedro Trujillo hoy sigue marchando
y todos juntos, seguimos cantando:

¿Qué queremos?
¡Reforma!
¿Cuándo?
¡Ahora!

Oración de protección

Querida Virgen de Guadalupe,
Patrona de México,
Emperatriz de las Américas,
te pido protección para las madres en la frontera.

Protégelas cuando cruzan un camino oscuro
con una botella de agua,
viajando livianas,
apretándole las manitas a sus niños.

Te ruego que las guíes cuando caminan
en senderos desconocidos.
Que las llenes de fuerza y valentía.

Querida Virgen de Guadalupe,
Patrona de México,
Emperatriz de las Américas,
te pido protección por las madres,
por las abuelas,
por los niños y las niñas
que cruzan la frontera,
dejando sus tierras
para llegar a un nuevo hogar,
un hogar sin violencia
o discriminación.

Que nuestra tierra,
y nuestra luna inmigrante
las acompañen y las protejan,
porque ellas son capaces de vencer el miedo
con un solo suspiro.
Un suspiro de amor.
El único amor
que los políticos
jamás podrán entender.

Querida Virgen de Guadalupe,
Patrona de México,
Emperatriz de las Américas,
te pido protección para las madres en la frontera.
Por los abrazos de mi abuela
y el brillo de los ojos de mi madre.
Por ellas te pido.

Amén.

Madre

Madre adolescente
La que va a la escuela nocturna y deja su juventud
a un lado para ser madre.
Madre inmigrante
La que cruza la frontera desde México
a Estados Unidos para darte un futuro mejor.
Madre soltera
La que trabaja doble turno
para que no te falte comida, ni un hogar.
Madre religiosa
La que te lleva todos los domingos a misa
y a veces te obliga a ser monaguillo.
Madre indígena
La que carga a su bebé en su espalda,
mientras camina largas distancias
para que un médico lo revise.
Madre refugiada
Quien escapa de las bombas de una guerra en Siria
para buscar un cielo despejado para sus hijos.
Madre de un niño con capacidades diferentes
Ella lucha con todas sus garras
por los derechos de su niño y de su comunidad.

Madre viuda
Quien trata de amoldarse a una nueva identidad
para que a su hija no le falta nada.
Madre abuela
Aparte de entregarte todo su amor en los sabores de
su comida, también le tocó criarte.
Madre y tía
La que te cuida después de escuela y te recibe
con un delicioso pozole oaxaqueño.
Madre adoptiva
La que esperó con ansias tu llegada y te entregó
toda su vida.
Madre y madrastra
Que llegó a tu vida para ser también tu consejera,
aceptarte y escucharte.
Madre de desaparecidos
La que continúa buscándote con la esperanza
de abrazarte una vez más.
Madre en pandemia
A pesar del aislamiento y la soledad, trata de buscar
inspiración para verte feliz durante esos tiempos.
Madre inmigrante y poeta
La que escribió este poema para recordarte lo
valiosa que tú eres: Madre.

Héroes

Aquí estamos desde hace años.
Somos estudiantes y profesores.
Abogados y activistas.
Soñadores y creadores.
Somos tus amigos en las buenas y en las malas.
Padres sin frenos, que trabajan día y noche
por sus familias.
Madres que te inspiran a dar la mejor versión de ti.
Tías recordándote sobre tu cultura.
Abuelas hablándote en español
para recordarte tus raíces.
Somos familias,
somos los héroes de nuestras historias.

The Weight

The guilt of
not having papers,
not owning a car,
not traveling back home
when *Abuelo* passed away.

The guilt of
being called a Dreamer,
because we follow
the rules?
Because we go to school?
But where do you leave our families?
or community?

The guilt of
qualifying for DACA
while other friends and family members
did not
qualify.

The guilt that claws my throat,
the pain in my stomach,
the anxiety on my chest.

The guilt of
flying on an airplane for the first time
after years of avoiding airports.

The guilt of
taking a weekend vacation,
while other friends could not
get on a plane.

The guilt of
coming back to my job
after the vacation.

The guilt of a celebration in silence.
   Why me?
When we have a broken immigration system
that gives a permit
to certain undocumented young people
who came to the U.S. as children
but does not support everyone,
including our parents.

The guilt of
not being Argentinian enough,
not being Latina enough,
not being American enough for you.

The guilt of
trying to fix a status,
with the goal of helping our parents.

The guilt of an immigrant child,
   Why did you bring me here?
The guilt of a mother,
       I am so sorry.
       Lo siento tanto,
       por lo que tuviste
       que pasar durante
       estos años.

El peso de la culpa,
it is painful,
it hunts you,
like a ghost who does not want to leave.
El peso de la culpa.

Yet if I was given a second chance
to come back to this life again,
I would choose
without a doubt
the struggles, the tears, and the pain
the joy, the lessons, and the experiences
from an immigrant journey
just to see her once again:
   La luna inmigrante.

tiempo tiempo tiempo tiempo tiempo tiempo tiempo
tiempo tiempo tiempo tiempo tiempo tiempo tiempo
tiempo tiempo tiempo tiempo tiempo tiempo tiempo
tiempo tiempo tiempo tiempo **elecciones** tiempo
tiempo tiempo tiempo tiempo tiempo tiempo tiempo
tiempo tiempo tiempo tiempo tiempo tiempo tiempo
tiempo tiempo tiempo tiempo tiempo tiempo tiempo
tiempo tiempo tiempo tiempo tiempo tiempo tiempo
tiempo tiempo tiempo tiempo tiempo tiempo tiempo
tiempo tiempo tiempo **DACA** tiempo tiempo tiempo
tiempo tiempo tiempo tiempo tiempo tiempo tiempo
tiempo tiempo tiempo tiempo tiempo tiempo tiempo
tiempo tiempo tiempo tiempo tiempo tiempo tiempo
tiempo tiempo tiempo tiempo tiempo tiempo tiempo
tiempo tiempo tiempo tiempo tiempo tiempo tiempo
tiempo tiempo tiempo tiempo **deportaciones** tiempo
tiempo tiempo tiempo tiempo tiempo tiempo tiempo
tiempo tiempo tiempo tiempo tiempo tiempo tiempo
tiempo tiempo tiempo tiempo tiempo tiempo tiempo
tiempo tiempo tiempo tiempo tiempo tiempo tiempo
tiempo tiempo tiempo tiempo tiempo tiempo tiempo
tiempo tiempo tiempo tiempo tiempo **separación de
familias** tiempo tiempo tiempo tiempo tiempo tiempo
tiempo tiempo tiempo tiempo tiempo tiempo tiempo
tiempo tiempo tiempo tiempo tiempo tiempo tiempo
tiempo tiempo tiempo tiempo tiempo tiempo tiempo
tiempo tiempo tiempo tiempo tiempo tiempo tiempo
tiempo tiempo tiempo tiempo tiempo tiempo tiempo
tiempo **niños detenidos en jaulas** tiempo tiempo
tiempo tiempo tiempo tiempo tiempo tiempo tiempo
tiempo tiempo tirmpo tiempo tiempo tiempo tiempo
tiempo tiempo tiempo tiempo tiempo tiempo tiempo
tiempo tiempo tiempo tiempo tiempo tiempo tiempo

tiempo tiempo tiempo tiempo **¿Qué queremos?** tiempo
tiempo tiempo tiempo tiempo tiempo tiempo tiempo
tiempo tiempo tiempo tiempo tiempo tiempo tiempo
tirmpo tiempo tiempo tiempo tiempo tiempo tiempo
tiempo tiempo tiempo **Reforma Migratoria** tiempo
tiempo tiempo tiempo tiempo tiempo tiempo tiempo
tiempo tiempo tiempo tiempo tiempo tiempo tiempo
tiempo tiempo tiempo tiempo tiempo tiempo tiempo
tiempo tiempo tiempo tiempo tiempo tiempo tiempo
tiempo tiempo tiempo tiempo tiempo tiempo **¿Cuándo?**
tiempo tiempo tiempo tiempo tiempo tiempo tiempo
tiempo tiempo tiempo tiempo tiempo tiempo tiempo
tiempo tiempo tiempo tiempo tiempo tiempo tiempo
tiempo tiempo tiempo tiempo **Ahora** tiempo tiempo
tiempo tiempo tiempo tiempo tiempo tiempo tiempo
tiempo tiempo tiempo tiempo tiempo tiempo tiempo
tiempo tiempo tiempo tiempo tiempo tiempo tiempo
tiempo tiempo tiempo tiempo tiempo tiempo tiempo
la espera tiempo tiempo tiempo tiempo tiempo tiempo
tiempo tiempo tiempo tiempo tiempo tiempo tiempo
tiempo tiempo tiempo tiempo tiempo tiempo tiempo
tiempo tiempo tiempo tiempo tiempo tiempo tiempo
tiempo tiempo tiempo tiempo tiempo **paciencia** tiempo
tiempo tiempo tiempo tiempo tiempo tiempo tiempo
tiempo tiempo tiempo tiempo tiempo tiempo tiempo
tiempo tiempo tiempo tiempo tiempo tiempo tiempo
tiempo tiempo tiempo **perseverancia** tiempo tiempo
tiempo tiempo tiempo tiempo tiempo tiempo tiempo
tiempo tiempo tiempo tiempo tiempo tiempo tiempo
tiempo tiempo tiempo tiempo tiempo tiempo tiempo
tiempo tiempo tiempo tiempo **¿Hasta cuándo?** tiempo
tiempo tiempo tiempo tiempo tiempo tiempo tiempo
tiempo tiempo tiempo tiempo tiempo tiempo tiempo

Paletero en el Pan Pacific Park

De chocolate,
vainilla y fresas;
de coco,
de Sponge Bob,
aguas y coca colas frescas.

Caminando con su carrito y las paletas
para los niños,
sus madres
y las niñeras del parque.

Saboreando los recuerdos que nos trasladan
a el primer techo de nuestra niñez.

Cuando sientes que se está acabando
la esperanza
y que la soledad golpea tu hombro derecho,
el paletero,
quien también trabaja en la construcción
en sus días libres,
se transforma en un superhéroe y
te regala una sonrisa de esperanza.

Delgado,
sonrisa humilde,
charlamos bajo de la sombra de un árbol,
con una brisa de mayo,
y en el fondo,
las risas de los niños jugando
y buscando a las ardillas.

Mi amigo el palero
en un instante
borró nuestras penas,
con una paleta de amistad
y de esperanza
en nuestra comunidad.

Mujeres inmigrantes

Las mujeres inmigrantes somos fuertes
como el roble.
Fuertes como nuestras madres,
abuelas y bisabuelas,
porque crecimos rodeadas de mujeres que
nunca se dieron por vencidas.
Mujeres que aprendieron a ser independientes
y valientes por sus experiencias.

En algunas de nuestras historias,
mujeres que también fueron
maltratadas, abusadas,
violadas, golpeadas
solo por dar su opinión
o buscar su independencia.

Mujeres que trataron de tragarse sus palabras
con el sabor del café con leche
durante la merienda,
horario de discusiones y novelas.

Mujeres que fueron sometidas a un anillo de boda
a cambio del silencio y de su libertad,
porque nuestra sociedad,
se hizo sorda a sus ideas.

Hasta que un día,
bajo la sombra de un roble,
escuchando los consejos de las aves migratorias;
una de ellas,
venció el miedo y el silencio.
Se liberó.

Desde aquel momento
las mujeres inmigrantes
obtuvieron la fuerza de un roble.
Un roble de libertad,
de vida,
de fuerza.

Aceptación

Mi amigo es la *oveja negra*
de su familia
por escuchar su corazón.

Siempre bien peinado,
con su gel en el bolsillo
de su pantalón negro de trabajo.

Mi amigo tiene su reina,
la dueña de su corazón,
su musa trans,
con una confianza
en sí misma
que es contagiosa.

Una relación de años
en secreto,
como los secretos que
esconden algunos políticos,
y el Vaticano.

Mi amigo solo quiere amar
sin límites,
sin prejuicios,
sin logos.

Sin embargo,
el dolor de un amor,
un amor escondido en
un baúl de plumas y pañuelos.
Simplemente porque no aceptan
que mi amigo ama
a su musa Trans.

El orgullo mexicano,
el peso de querer besar
los labios de su musa en público,
el peso de vivir escondido
por inmigración,
por su familia,
por su verdadero amor.

Sticky Note on the Wall

Believe.
Ten fe.
Believe that things will get better.
Creer con benevolencia
en nuestra fuerza.

Believe that there is a force,
a God
an energy
un equipo de Arcángeles
that have our backs.
That protect us
when we drive,
when we go to work,
without a license
without papeles.
Believe in that energy
without a doubt.

No tengan miedo,
la fe y Dios
no buscan papeles.

Domingos

Los domingos puedo sentir
el olor de la leña de los asados
de mi abuelo.

En mi memoria me traslado,
cierro mis ojos y viajo a esos días.

En mi memoria visito a mi abuelo,
lo veo haciendo un asado
con sus trabajadores.

Las chispas del carbón,
el rojo de los morrones,
el ajo recién picado
y el perejil del chimichurri.
El tono de la voz de mi abuelo.

En mi memoria regreso cerca de él.

Y cuando finalmente abro mis ojos,
desde aquí,
en otro país,
en otra ciudad,
en otra época...
sigo soñando
con una brisa del asado
de mi abuelo.

Cuerpo

My immigrant body feels like the first day
a man walks out of jail
into the streets
and looks into someone's eyes
for the first time.
Having to prove to everyone
     I am not guilty
Having to prove everything
      to everyone
all
of
the
time.

Pasaporte universal

En mi viaje en busca de la libertad
viajaría con una mochila más liviana,
miraría más atardeceres y
buscaría nuevos nombres para sus colores.

Aprendería sobre las culturas de los budistas
y los musulmanes.

Estudiaría el idioma árabe,
un poco de italiano y
quizás, algo de francés.

Caminaría descalza por la orilla del mar mediterráneo
con mi fiel amigo: el café.
Comería un asado con mis compañeros de la infancia.
Prestaría más atención a los consejos de mi madre.

Visitaría a mis abuelas en mi país natal.
Inventaría un pasaporte universal
para cruzar fronteras y conocer nuevos caminos.

Borraría el miedo de subirme a un avión,
el miedo de salir de este país.
El miedo de ser libre.

The Interview

How do you prove love to an immigration agent?
By the photos we took
or the date of a wedding
or a ring on my left hand?
          It is not diamond so,
Does that still count?

How do you prove love to an immigration agent?
By the memories we created
as a family?
          Not your typical family.
Some of us were not born here,
and a dad
who is not my "real" dad
          by your own definition
but more of a Dad
than my own last name.
He has been by my side
ever since I was four years old,
and he still remembers the day we met:
          Estabas vestida de hada madrina
          el día que te conocí.

How do you prove love to an immigration agent?
A feeling that writers and poets contemplate
we try to find words,
sounds and nouns
to prove that word:
      love.

It is not that simple to prove.
You ask for evidence
and I show you a family.
      Not your typical family.
      Not your typical definition of a dad
just because
we don't have
the same last name.

Decisiones

My body tells me
        to stop
and my heart tells me
        to keep going.

Luna llena

Immigrant Moon

In this new season
I wish to become
the immigrant moon
fuerte
valiente,
sin miedo a brillar su luz.
Like the phases of the moon
constantly changing
trying to accept those voices
that are telling me
to let go
to trust
because no matter where I am
la luna inmigrante
will
always
lead
the way.

Sábado con lluvia

La luna me vio nacer un 2 de julio.
Desde aquel día,
es mi madrina.
Me vio crecer,
inmigrar,
llorar,
soñar
y ser madre.

Desde aquel día,
hicimos un pacto:
nunca
nos daremos
por vencidas.

Here, Where I am

Here, where I am,
between the lakes and farms,
the scent is different.
The stars are infinitely bright
the sun says goodbye around ten at night,
and the moon is our light.
We don't carry a watch.
Every hour is too precious to let it go.

Here, where I am,
the cows stay together,
and if they sense danger,
they stay even closer.
The birds are as free as well water.
There are no borders,
only a few dead animals on the highways,
that you see almost every day in the same place.
We are not afraid of death.
Sometimes, we are just a little too cold
in the winter, but the smell of homemade
fire makes us warmer.
And each day, we see miraculous sunsets,
and golden clouds drive through our sky.

Here, where I am,
the cherry fields and roads of apple trees
can feed everyone,
and we share between vecinos
y trabajadores campesinos.
From across my window,
I can smell the grass from my neighbors,
and I can hear los trabajadores campesinos cantando
canciones de esperanza a sus frutos.
And on a dusty wind,
the horses stay calm to help you go by...
Here, where I am.

Granito de arena

Hay un lugar dentro de mí dónde habita la felicidad.
Como los peces habitan en el corazón del mar,
como la arena se desliza entre los dedos de mis pies
cuando camino en la playa durante un atardecer.
Como los rayos dorados resbalan en mi cabello
cuando miro el sol y él me regresa la mirada,
y me envía un mensaje en un
granito de arena que dice:
>   *Keep going*
>   *Sigue adelante.*

Definitions

You define me as an immigrant
you define me as a mother
you define me as Latina
Latinx
Latine
Hispanic
South American
Argentinean
from the North of Argentina
Gaucha.

You keep looking for definitions to tell me,
to tell us—women
how to live
           our life.
When we are
more than
           your definition.
We are more than
           any definition.

Somos diosas,
reinas y creadoras
de nuestro universo.

Alas de libertad

El cine nos hace brotar alas de libertad
en nuestro cuerpo,
en nuestra imaginación,
para aprender sobre otros países,
para aprender nuestras tradiciones y
los sabores de nuestra América Latina.

Como el aroma del mole oaxaqueño
o tomar mate en Argentina,
a veces con una rodajita de naranja
para perfumar el mate,
o el sabor del arroz con gandules y plátanos
de Panamá,
o el aroma del café colombiano
cuando está recién preparado,
mientras escuchamos la música
de la Cordillera de los Andes.

El cine nos conecta a través de nuestras historias,
de nuestra vida cotidiana,
de nuestras familias,
de nuestros héroes:
Los inmigrantes.

El cine nos conecta de una manera que solo él
lo puede hacer.
Nos hace sentir,
nos hace respirar y volver a enamorarnos,
y hasta regresar a nuestros países,
para los que no podemos viajar
por razones migratorias.
El cine nos regresa a nuestro hogar.

El cine nos hace morir y renacer.
Nos hace valorar las guerras internas
de otras personas.
Comprendernos y aceptarnos.
El cine nos une a todos.
El cine es nuestra libertad.

Reforma migratoria

El tiempo pasa,
los años florecen a la espera,
mis sueños arden por la vida.

Los otros Dreamers

Una deportación o regreso voluntario
no frena nuestros sueños.
Nuestros sueños serán
por siempre libres.

Puerta

Do you ever feel like you don't exist?
As if hope is running through a rusty old window,
a window that has seen you grow,
fall in love,
and cry.
A window of time.

Do you ever feel
¿Con un nudo en la garganta?,
acostada con el cansancio,
cubierta con una manta de silencio
entre las paredes de la soledad.
Acompañada y sola a la misma vez.
Con una lágrima que está a punto de nacer
en la esquina de mi ojo izquierdo.
Pero no quiero llorar.
No
quiero
llorar.

Quiero fuerzas.
No tengo tiempo para llorar.
Adentro de mí,
hay una puerta,
detrás de esa puerta,
guardo mis fuerzas.
Ahí, es donde tengo que llegar.

Respiro,
escribo,
respiro.

Estoy cerca.
Paso a paso
me acerco.

Respiro,
escribo,
respiro
y abro la puerta.

Virginia Bulacio

Words Matter

Pathway
to
Citizenship
for
All
Undocumented
Immigrants.

Silencio

¿Quién escucha al silencio?

Como un atardecer escucha el pasar
de nubes rosas y doradas.

Como las olas de un mar azul escuchan
las plegarias de una familia refugiada.

Como una estrella escucha las lágrimas
de la luna inmigrante recordando a su hogar.

Love and Breakups in a Pandemic

Creating the miracle of life in a pandemic.
Seeing your mother's eyes looking at you
once again.
Hugging our brothers and sisters
in the morning of Christmas,
while the cinnamon rolls honey the kitchen
with a brown sugar breeze.
Signing a paper of goodbye
to the man that has been your soul mate
for decades.

And time
is not
coming back.

And life
just
keeps
going.

Gritos del silencio

Yo escucho los gritos del silencio
por no ser aceptado,
por no pertenecer,
por esconderse
detrás de una bandera,
de un acento,
de unos documentos.

Yo escucho los gritos del silencio,
y, a veces,
él me escucha a mí.

New Year's Eve

I don't want to be a lock
stuck forever on the wall.
Rusty
worn by time
forgotten.

Locked by two lovers,
who made a pact
that can't be broken
on a silver fence on Venice Boulevard.

Broken or steady
next to other locks
stuck all together
no space to breathe.

I want to let those locks be free.

They are asking me to save them
from the promises
they once made.

And if you could,
would you save them?
or would you
just walk away?

Gitana

Con tus pies descalzos y valientes,
caminas por el sendero bajo los rayos del sol,
sin brújula y sin mapa.

Piel canela, cabello negro y salvaje,
bailas libre como el viento con tu falda bordo
que roza cerca de tus pies.
Con tus manos de hierro,
escribes poemas para contarnos
tus pensamientos y las injusticias,
que se han atravesado en tu camino.

Corazón de gitana,
respiras con entusiasmo porque sabes
lo que es estar cerca del vacío.
Eres honesta, ingenua y romántica.
Mueves tu abanico de un lado al otro
y nos endulzas con tu perfume de rosas.

Corazón de gitana,
en tus viajes, nos recitas poemas de amor
y nos regalas versos de esperanza
a nuestros oídos.

Corazón de gitana eres tú.
Y yo, aquí, esperando...
esperando en tu olvido,
todavía te llevo conmigo.

Labios perdidos

Dónde estarán esos labios perdidos
que algún día dejé pasar.

El sabor de una noche de verano,
las burbujas del champagne
y dos fresas en baño de chocolate.

Dónde estarán esos labios perdidos
que una noche de luna llena pude saborear.

El sonido de las olas salpicando nuestros pies,
bailando al compás del mar
siguiendo tu ritmo sin parar.

Dónde estarán esos labios perdidos,
que algún día los dejé pasar.

Y si algún día te vuelvo a encontrar,
labios perdidos,
quiero que sepas,
que nunca te pude olvidar.

My Third Wish

I wish I could see through your eyes,
a mirror of your soul.
I wish I could heal your broken heart.
Hug you and wash you,
like the rainforest washes the land,
with love and gratitude.
Some nights,
I wish more than others
to be next to you once again.
I just keep on wishing.
One more wish,
for one more night.

Sheets

The sheets are white
with little dots making a straight line,
a border.
And I don't like borders
     or straight lines.
I prefer movement,
lines that move like waves
colors that mix and evolve
movements of people
     migrations.

The sound of the sheets
in the silence of the night,
the storm inside my head
la tormenta de mis pensamientos.
And I don't know how to
run
escape
or hide
from these brand new sheets
in my bed.

Another Same Night

The sheets
the arguments
the time we spend in bed.

The Himalayan lamp
next to the boring lamp
the evaporated water
with tiny bubbles
in the plastic bottle
from days ago.

The same time again.

Words
sounds
arguments
wounds
silence
reflections.

The same time again.

Who wins?
Who leaves?
Who loves?

Milagros

Los milagros existen,
cada día cuando abres tus ojos,
cuando escuchas la música de tu corazón.
Cuando pierdes la esperanza de ser madre,
y después de años de oraciones puedes
ver la primera fotografía de un ser
que está creciendo en tu vientre.

Los milagros existen,
no pierdas la esperanza,
no te ahogues en el miedo.
Deja que los milagros se acerquen a ti.
Dales las gracias por hacer de lo imposible,
algo milagroso.
Los milagros siempre existen.

Mi querido hijo

Déjame contarte sobre nuestros ancestros.
Dejamos nuestras tierras en busca de nuevos caminos,
Italia, España, Alemania, Siria…
y la línea continua más atrás.

Cruzamos océanos para llegar a Sudamérica,
nací en Argentina,
en la tierra de Evita, Maradona y el Che.

Los domingos son sagrados.
Un asado y empanadas,
nuestro hogar es la familia.

Tengo sangre de inmigrante,
lucho por mis sueños
y lucharé por los tuyos.

Mi querido hijo,
recuerda nuestra historia
con orgullo y con pasión.

Mi querido hijo,
haz tus sueños realidad.
Todo es posible en esta vida,
con amor, dedicación y gratitud.

Divinidad

¿Tú, me escuchas?

Así me comunico,
a través de ondas y frecuencias,
de pensamientos y sincronización.
Yo, soy el mar de tus ojos
y el viento que hace danzar tu cabello.
Yo soy el día y la noche.
Te escucho.
Siempre te escucho.

Tree on Melrose

I am the branch of this tree
constantly changing,
evolving,
growing to my fullest potential.
I am the branch of this tree
the roots
the leaves.
I am always here.
I have always been here.

Mi pequeño maestro

Su sonrisa es como la de un ángel
que acaba de poner sus pies en la
tierra por primera vez.

Mueve sus manitas como si él fuera
el conductor de una orquesta musical.
Cuando salimos a caminar,
sus ojos curiosos,
parecen un limpia parabrisas.
Él quiere explorar las texturas de
cada una de las plantas que
atraviesan nuestro camino.

Mi hijo me mira de una manera
que nunca nadie me ha mirado.
Me hace sentir llena de amor,
un amor tan puro,
tan sincero y real
que ni con mil poemas
lo podría explicar.

Él es un explorador y te conquista
con su sonrisa de pícaro,
mostrando con mucho orgullo,
sus dos primeros dientes.

Todo es un descubrimiento para él:
los colores de las flores,
los rayos del sol que iluminan
una rosa blanca,
hasta la sombra de algunos árboles
le llama la atención.

Todo aquello que nosotros ignoramos,
es su felicidad.

Mi hijo me hace ver la vida a su manera:
una vida llena de entusiasmo,
de inocencia y de ternura.

Mi pequeño maestro me enseña
más que nadie en esta vida sobre
paciencia y perseverancia.

Mi hijo me enseña a confiar en mis sueños.
Y junto a él, con mi mochila de sueños,
viajamos en un globo aerostático multicolor
a una isla en nuestra imaginación,
con cebras, jirafas y elefantes.
Donde nadie vive encerrado en una jaula,
donde nadie juzga a nadie y
nuestros sueños se hacen realidad.

Camino a casa

No matter where I am
No matter where I go
I know
I can still go back home.
Home is in my memory.
Home está en mi corazón.

Sueños sin fronteras

La educación sin fronteras
es un derecho fundamental
para los niños inmigrantes
y los refugiados.
La educación no discrimina.

God Speaks to Me

God speaks to me
and I listen.
God speaks to me in many ways
through a whisper in my right ear,
through the music of the wind,
through a baby's smile or the eyes of a child,
or a lucky penny on the side of the street.

God speaks to me:
    I am here.
And I
always
listen.

Entre siestas

Mientras tu duermes yo escribo,
para contarte con todo mi amor
lo mucho que te bendigo.

Tus ojitos color café,
tu piel suavecita y tu olorcito
de cuatro meses de vida...
Eres mi inspiración para contarte
historias de esperanza.

Desde el segundo que me miraste
me enamoré de tu sonrisa.
Ojalá mis palabras muestren
lo mucho que te amo,
pero presiento que
no hay lugar en este mundo
que pueda medir el amor de una madre.

Mientras tú duermes, yo escribo.
Escucho cada uno de tus suspiros y
me inspiro para contarte
la vida extraordinaria que tendrás
y lo agradecida que estoy,
porque tú me enseñaste
a ser mamá.

Obra de arte

Tu vida es una obra de arte,
coloréala como te guste.
Busca colores diferentes.
Atrévete a equivocarte.
¡Pinta!
Pinta y vuelve a pintar.
Disfruta cada uno de tus suspiros.
Siente la gratitud de la vida.
    Yo estaré siempre a tu lado,
    seré el brillo en tus pinturas.
    Te iluminaré.
Y tú,
brillarás,
siempre brillarás.

Luz de la Divinidad

Me acompañas a caminar cuando
me siento con poca inspiración.
Tú no te rendís,
siempre estás cerca de mí.

Eres la luz de mis días,
eres la luz del sol.
La que sabe de mis curiosidades y
de mis inseguridades.

Tus rayos dorados me hacen sentir
tan cerca de Dios.

Me devuelves la paz de mi alma,
y pensar, que a veces te ignoramos.
Es la luz que me espía cuando escribo,
cuando me río y cuando lloro.

Aquella luz que tiene una energía única.
Eres la luz de la Divinidad,
la que me inspira en mi vida.

Amor incondicional

Sé que algún día tomarás vuelo,
como los pajaritos cuando crecen
y se van de su nido.

Sé que algún día estarás listo para explorar
atardeceres por tu propia cuenta.
Quizás, escalarás la cima de tu montaña favorita,
para mirar un amanecer junto a la persona que amas.

Sé que algún día,
descubrirás nuevos rincones en Sudamérica y
me llamarás para contarme lo feliz que estás.

Sé que algún día, me dirás:
Mamá, ¡estoy listo!
Y hasta que ese día llegue,
prometo darte todo el amor
que pueda caber en el mundo.
Prometo tomar tu manita y guiarte en cada paso.
Prometo enseñarte a dar amor y ser agradecido.

Sé que algún día volarás.
Y cuando aquel día llegue,
si tú, me ves llorar,
recuerda que son lágrimas de felicidad,
porque tú me enseñaste
lo que es el amor incondicional.

Libre

Libre
de los papeles.
Libre
de un pasaporte o una visa.
Libre
de DACA.
Libre
de vivir sin permiso.
Libre
de los errores políticos.
Libre
de los recuerdos de una frontera.
Libre
del tiempo y del pasado.
Libre
de *What if this happens?*
Libre
de mis miedos y de los tuyos.
Libre
de mi mente.
Libre
como la poesía.

Daría

Daría mi vida por cambiar tu dolor
y regalarte mi amor y fortaleza.
Daría mi vida por sacar tu temor
y entregarte mi valentía.
Daría mi vida por verte crecer sano, fuerte y feliz.
Daría mi vida por sacar la oscuridad de tu vida
y alumbrar siempre tu camino.
Daría mi vida por verte triunfar
y lograr tus sueños.
Sin pensarlo ni un segundo,
daría toda mi vida por ti.

Letters y letras

I am not
a famous writer,
or a poet laureate,
or even a poet who can even rhyme
in both languages.

Yet,
the only place
I feel at home
is between letters y letras,
palabras y papeles,
sticky notes with God's messages
and the writing app on my phone.

Questioning
reflecting
overthinking
looking for answers
feeling safe at home.

Traté

Eran rosas de cristal,
tan finas y delicadas como tú,
tan elegantes como el perfume que tenías
cuando te conocí.
Tan tímidas como tu mirada.
Tan humildes como tu amor.
Eran rosas de cristal...

Traté de escribir un poema de amor y no pude.
Un amor romántico,
aquel, que a veces,
no sabemos valorar.
Pero, ¿quién soy yo para hablar de amor?
Si a veces no lo entiendo.

Traté de escribir un poema de amor.
Y aquí estoy,
pensando
y escribiendo nuevamente
sobre ese amor que solo se encuentra
en los ojos de una madre,
en el sacrificio de un inmigrante,
un amor que se encuentra en la esperanza
de mis estudiantes que tienen DACA,
y en la espera de los que no califican para DACA.
En la mirada de los que decidimos inmigrar,
en el sacrificio de los que no teníamos otra opción,
en los abrazos de un refugiado
o en el silencio de los que nos toca partir
sin decir adiós.

Traté de escribir un poema de amor.
Quizás seré romántica a mi manera.

Hablando,
expresando,
compartiendo,
escribiendo...
Historias que no
escuchamos día a día
en los medios de comunicación.

Quizás seré romántica a mi manera.
Pero mientras yo crea en el amor,
te prometo que estaré a tu lado,
seré tu refugio y tu hogar.
Y lucharé
por nuestros derechos humanos,
aunque me quede
sin libertad.

Sueños inmigrantes

It was the way
they kept their dreams alive
that gave me hope
to keep mine
breathing.

El poder de la mente

La libertad no viene de un título,
ni de un estatus migratorio,
ni tampoco de escribir un libro.

La libertad viene de tu mente.
Ahí está la magia y el pulso
de esta energía
que controla cada uno
de nuestros pensamientos.

Revolución

Quiero una revolución de palabras,
de letras,
de arte y poesía.

Para las mujeres inmigrantes
que dejamos a nuestros padres
por ir en busca de nuevos horizontes;
sin saber quizás,
que jamás volveríamos a verlos.

Para las madres inmigrantes
que respiramos por nuestros hijos
y muchas veces, nos olvidamos de hacerlo
para nosotras mismas.

Para los que somos el corazón
de este país de inmigrantes,
para los que tenemos DACA
y los que no.
Para los que estamos sin papeles
o con un pasaporte vencido y enterrado en el tiempo.
Para los que llegamos de América Latina,
Asia, África y otras partes del mundo.

Quiero una revolución de palabras y sentimientos,
inhalando compasión,
exhalando respeto,
vibrando en los brazos de la libertad.

Una revolución de conciencia y comprensión
por los derechos humanos,
de aquellos que nos refugiamos en otros países.

Una revolución en el caminito de la paz.
Y un carnaval,
donde los mariachis tocan tango y
los tangueros bailan salsa.
Un desfile y una carroza para celebrar
nuestras raíces y recordar la música
De la Calle en Latinoamérica.

Quiero una revolución de palabras,
de papeles y de letras.
Porque sólo el que vive esta historia,
entenderá este poema.

Recordatorio sobre la mesita de noche

La vida es como tú la quieras ver.
Veo la realidad de este mundo físico
y a veces, un poco más allá.
Trato de perdonar mi pasado
y a mis antepasados.
Trato de recordar lo mejor de las personas
que se presentan para iluminar mi sendero.
Trato de aprender de mis errores,
aunque a veces fallo;
en ellos también vive el crecimiento.

¿Los fracasos?
para mí son aprendizajes,
una corrección, sanación en mi ADN.

La vida es acción, crecimiento y evolución.
Es viajar a través de las memorias de mi mente
y regresar a esos recuerdos cálidos de mi niñez.

Es comunicarme con mi pensamiento,
con cada célula de mi cuerpo.
Es conectarnos el uno con el otro,
es conectarnos con la fuente universal
del amor y la creación.

La vida es...
¿cómo explicarla?,
no hay fórmula ni ecuación para vivirla.
No te rindas, sigue tus sueños,
con tus pensamientos puedes crear tu realidad.

La vida es acción,
y tú eliges cómo crearla.
Agradezco la oportunidad de experimentarla,
de gozarla, de vivirla.
Agradezco, suelto y confío.

Barrilete rojo

Cada recuerdo de mi patria,
de mi infancia,
vive intacto en mi memoria.

Quizás,
algún día,
los nombres de las calles
no serán los mismos,
el quiosco de la vuelta de casa
ya no estará,
y mi memoria se cansará
de acumular historias
recordando aquella época.

Quizás,
recordar es evolucionar,
darles las gracias a los recuerdos
y dejarlos que vuelen
como un barrilete rojo
viajando entre las nubes blancas
y el viento,
buscando su libertad.

Ocho promesas

La gratitud:
Reducirá emociones negativas
fortaleciendo tus relaciones personales.

Te sorprenderá con milagros en tu vida
y en las de tus seres queridos.

Estará a tu alcance en cualquier momento del día.

Te ayudará a ver los conflictos como desafíos.
Y también, a resolverlos.

Serás un imán para seres que viven en esa frecuencia.

Convertirás los pequeños detalles del día
en algo maravilloso.

Verás como tus sueños se hacen realidad.

Vivirás infinitamente bendecida.

Puentes mágicos

Quiero regalarte una varita mágica,
para hacer desaparecer las injusticias
de la comunidad,
de los inmigrantes,
de nuestras familias.

Una varita mágica que transforme el miedo
en una alfombra roja,
y que esa noche,
las estrellas se vistan doradas,
y que nuestra luna inmigrante
sea nuestra anfitriona.

Quiero regalarte un Nazar azul,
amuleto de protección para estos años,
para que no te des por vencido.

Quiero regalarte una lámpara mágica
y que su genio nos cumpla los tres deseos:
      los papeles
      un pasaporte
      y unas vacaciones.
A dónde tú quieras.
Porque sé lo que sacrificaste por tus sueños.

Quiero regalarte una botella de la abundancia:
con arroz, frijoles, maíz, laurel y canela.
La magia está en nuestra imaginación,
en la gratitud y la unión entre nosotros
para crear soluciones conscientes.

Quiero entregarte el Premio Nobel
por tus años de activismo y compromiso
a este movimiento de inmigración.

Quiero regalarte una goma de borrar mágica,
para borrar los muros,
las fronteras
y ese miedo que negocian
los que nos tienen
aún más miedo.
Para separarnos y
hacer de nuestra mente
un laberinto.

Y finalmente,
quiero entregarte mi varita mágica,
para que juntos creemos puentes mágicos
que nos permitan conectarnos
y vivir libremente.

Abrázame

My childhood
a frame in time
memories that can't be erased.
    I don't want to let her go.
    I don't want to be erased.

I want a hug,
a welcoming hug
in the arms of my country
celeste, blanca y celeste
y el sol de oro en el corazón
de mi bandera
Asking me:
    Where
    have you been
    all these years?

Two Countries

Three months
have turned
into
twenty years.

Twenty years of
learning
questioning
accepting
being vulnerable
and dreaming
of twenty more years
to come
to keep showing you
the love I have
for both of you.

New Home

I
finally
found
a
new
home.

Entre sus abrazos,
en su olorcito de bebé
y sus ojos que me miran
como si yo fuese
su universo.

When he says to me:

Mamá.

Countries, Bridges and Moons

If you stay close by
you will be surrounded by the light
of the immigrant moon.
I will hug you with my light
protect you with my soul
I will be your home
no matter where you go.

- Luna Inmigrante

Virginia Bulacio

Gratitud

Gratitud infinita

Si has llegado tan lejos,
es porque la fe
y la esperanza te acompañan.
Si has llegado hasta estas páginas,
te lo agradezco de corazón.
Gracias por haber confiado
en nuestras historias,
en la poesía,
en mis palabras,
en los dolores más profundos
que lleva mi cuerpo
y en las caricias más suaves
de mi alma.
Estoy infinitamente agradecida
por la unión de nuestros caminos
bajo nuestra luna inmigrante.
Gracias
gracias
gracias.

Infinite gratitude

If you've come this far,
It is because faith
and hope are your companions.
If you have reached these pages,
I am grateful from the bottom of my heart
because you trusted
in our stories,
in poetry
in my words
in the deepest pains that my body carries
and in the softest caresses of my soul.
I have so much gratitude
for the union of our paths
under our immigrant moon.
Thank you
thank you
thank you.

Agradecimientos

La gratitud es una bendición que siempre está a nuestro alcance: en un gesto, en una sonrisa, en nuestras palabras.

Este libro fue creado con mucho amor, respeto y gratitud a las personas que me acompañaron durante este camino. Aquellas personas que me inspiraron y creyeron en mí, a las que me confiaron sus historias, a todas ellas les regalo mi corazón y estaré siempre agradecida por su apoyo incondicional.

También quiero agradecer especialmente a seres mágicos que me acompañaron en mi camino:

A la persona que me ayudó a inscribirme en Los Angeles City College y que me explicó sobre la ley AB540. Aldo García, ojalá algún día este libro llegue a tus manos.

A las maestras, maestros y consejeros que siempre apoyan a sus estudiantes indocumentados, gracias por hacernos sentir bienvenidos en sus clases. Especialmente a Jessica Retis y José Luis Benavides por guiarme en mis estudios en California State University, Northridge (CSUN).

Gracias a Kristen Jackson y Sam Baumer, quienes me ayudaron a llenar cientos de páginas para solicitudes de inmigración.

A la fundadora de Alegría Publishing, Davina Ferreira por inspirarme a compartir estas historias y a todo el equipo: mi editora Paloma Alcantar, Laura Serratos, diseñador gráfico Carlos Mendoza y a mis compañeros de clase, los llevo en mi corazón.

A mi amiga poeta Angela Brown gracias por animarme a que continúe escribiendo.

A mi abuelo, deseo que, de alguna manera mágica, sientas el cariño en mis palabras.

A mis abuelas que viven en el norte de Argentina, gracias por sus historias.

Estoy eternamente agradecida con mi familia: Mamá, Eze y Ger, gracias por inspirarme y apoyarme con mis sueños, sobre todo, hoy en día. También muchas gracias por cuidar a mi hijo durante mis clases.

A mi querido compañero Rick Castañeda, gracias por apoyar mi creatividad.

A mi querido hijo, muchas gracias por el amor y los abrazos que me das. Este libro es de los dos, ya que tú me acompañaste en cada segundo de su creación.

A mis amistades, a los líderes de este movimiento y especialmente a la comunidad de inmigrantes y refugiados en Los Ángeles.
¡Si se puede!

A mi Virgencita de Guadalupe, mis ángeles, mi luna inmigrante, a Dios y el universo entero, muchas gracias por guiarme y protegerme.

Y finalmente a ti, la persona que está leyendo este libro, gracias por apoyar el arte de la poesía y el sueño de una inmigrante.

Deseo que la vida los llene de bendiciones.

Los quiero con todo mi corazón.

Virginia Bulacio

Acknowledgments

Gratitude is a blessing that is always within our reach. In a gesture, in a smile, in our words.

This book was created with love, respect and gratitude to the people who accompanied me along this path, people who inspired and believed in me. To the people who trusted me with their stories. To all of you, I give my heart, and I will always be grateful for your unconditional support.

I also want to thank some magical beings who joined me on my journey:

To the person who helped me enroll in Los Angeles City College and who explained the AB540 law, Aldo García. I hope one day this book reaches your hands.

To all my teachers and counselors who were always supportive to undocumented students, in high school and college. Thank you for making us feel welcome. Especially to Jessica Retis and José Luis Benavides for guiding me in my studies at California State University, Northridge (CSUN).

Thank you to Kristen Jackson and Sam Baumer, who helped me file hundreds of pages for immigration applications.

To the creator of Alegría Publishing House, Davina Ferreira, who inspires me to share these stories and to the entire editing team: my editors Paloma Alcantar and Laura Serratos, graphic designer Carlos Mendoza, and to all my classmates. I carry you in my heart.

To my poet friend and mentor, Angela Brown,

thank you for encouraging me to keep writing.

To my Abuelo, I hope that in some magical way you can still feel the affection of my words.

To my Abuelas who live in the north of Argentina, thank you for your stories.

I am eternally grateful to my family: Mamá, Eze, and Ger. Thank you for your inspiration and for supporting me with my dreams. Thank you very much for taking care of my son during classes.

To my partner, Rick Castañeda, thank you for supporting my creativity.

To my son, thank you for the love you give me. This book belongs to both of us, since you were with me during every second of its creation.

To all my friends, to the leaders of this movement, and especially to the immigrant and refugee community in Los Angeles. ¡Si se puede!

To my Virgencita de Guadalupe, my angels, mi luna inmigrante, God and the entire universe, thank you for guiding and protecting me.

Finally, to you, the person reading this book, thank you for supporting the art of poetry and an immigrant's dream. Thank you very much for trusting me.

My wish is that life fills you with blessings.

I love you with all my heart.

Virginia Bulacio

Acerca de la autora

Virginia Bulacio es una escritora, educadora y narradora argentina. Nació en San Miguel de Tucumán en el norte de Argentina y vivió en Las Termas de Río Hondo (provincia de Santiago Del Estero). Emigró a los Estados Unidos durante sus años de escuela secundaria.

Virginia tiene una licenciatura en periodismo y una especialización en periodismo en español de la Universidad Estatal de California, Northridge.

Sus historias han sido publicadas en ImpreMedia, La Opinión, Univisión y *¿Qué me cuentas?*, un podcast de cuentos Latinx.

Durante la pandemia, Virginia decidió volver a centrarse en su escritura a través de la poesía para documentar historias sobre la comunidad de inmigrantes en Los Ángeles.

Desde entonces, Virginia ha estado presentando su trabajo en Alegría Media & Publishing y El Festival Internacional de Cine Panamá, LATINAFest, The Last Bookstore, Chevalier's Books y Sims Library of Poetry, destacando las voces inmigrantes y su experiencia personal.

Su misión como maestra es compartir su pasión por la cultura, la narración de cuentos, historias y la poesía. Ella está enseñando materias como español y fotografía en una escuela en la que el propósito es ayudar emocional, social y académicamente a los estudiantes, a través de la positividad, la tutoría y la educación personalizada basada en las necesidades de los estudiantes.

Virginia inició un proyecto comunitario llamado Mágico para organizar recaudaciones de juguetes para niños de familias indocumentadas durante las fiestas navideñas.

Virginia hoy en día vive en Los Ángeles con su familia, quizás la encontrarás en algún café buscando una historia... ¡Anímate y comparte tu historia para celebrar juntos la cultura y autenticidad de nuestras historias!

About the author

Virginia Bulacio is an Argentinean writer, educator, and storyteller. She was born in San Miguel de Tucumán in the north of Argentina and lived in Las Termas de Río Hondo (province of Santiago Del Estero). She immigrated to the United States during her high school years.

Virginia holds a bachelor's degree in Journalism and a Minor in Spanish Language Journalism from California State University, Northridge. Her stories have been featured in ImpreMedia, La Opinión, Univisión, and *¿Qué me cuentas?*, a Latinx storytelling podcast.

During the pandemic, Virginia focused on writing poetry to document stories about the undocumented community in Los Angeles.

Since then, Virginia has been performing her work at Alegría Media & Publishing, The Panamanian International Film Festival, LATINAFest, The Last Bookstore, Chevalier's Books, and Sims Library of Poetry, to highlight immigrant voices and her personal experience growing up undocumented.

Her mission in teaching is to share her passion about culture, storytelling, and poetry. She is teaching subjects such as Spanish and Photography at a school where the mission is to help the student emotionally, socially, and academically through positivity and mentoring.

Virginia started a community project called Mágico, which organizes toy drives to bring toys and spread the joy to undocumented children around the holidays.

Virginia lives in Los Angeles with her family, and you would probably find her at a coffee shop looking for a story... Go ahead and share your story to celebrate the culture and authenticity of our stories!